Heinrich Preschers

Standrede am Grabe der Madame Schuwitz

Heinrich Preschers

Standrede am Grabe der Madame Schuwitz

ISBN/EAN: 9783744691314

Hergestellt in Europa, USA, Kanada, Australien, Japan

Cover: Foto ©ninafisch / pixelio.de

Weitere Bücher finden Sie auf **www.hansebooks.com**

Standrede

am Grabe

der

Madame Schuwitz.

Ein

Neujahrsgeschenk

für

Incroyables.

Homo sum; humani nil a me alienum puto.

Rastadt, 1798.

Meine andächtige Zuhörer!

Wir stehen an der Bahre einer Frau, welche die ungerechte Welt, in Vorurtheile versunken, mit allerhand, nicht ehrenvollen, Namen belegt. Undank ist der Welt Lohn; wir dürfen uns daher nicht wundern, daß die, welche Ihr im Leben die größesten Freuden verdankten, nach dem Tode auf sie schimpfen. Wir haben ein ähnliches, noch frappan-

teres, Schauspiel an einer Frau kürzlich erlebt, die
am Morgen und am Abende eines Tages von
denselben Sclaven des Goldes und der Hoheit
kriechend vergöttert und pöbelhaft beschimpft wurde.
Gerechter als diese, und dem Spruche: de mor-
tuis nil nisi bene, getreu, wollen wir auf der
Waagschaale der Unpartheylichkeit ihre Verdienste
wägen, und das Gute in ihr ans Tageslicht zie-
hen. Wir werden zu ihren Tugenden auch die zäh-
len, welche sie durch Unterlassung manches
Bösen sich eignete. Diese Unterlassungstu-
genden würden eine wichtige Stelle in jeder Lei-
chenrede eines Souverains mit Recht einnehmen.
Es ist leichter, Gutes thun, als Böses ver-
hindern. Diese Unterscheidung bringt uns auf
die natürlichste Art der Eintheilung unsrer Rede.
Im ersten Theile derselben wollen wir die akti-
ven Tugenden der seeligen Frau berühren; im
zweyten werden wir ihre passiven löblichen
Eigenschaften vornehmen, und zum Schlusse einige
gottseelige Betrachtungen über die Vergänglichkeit
aller irrdischen Herrlichkeit anstellen.

Unser Text giebt uns dazu die beste Gelegenheit.

Wir lesen im Evang. Lucä, Cap. 23, V. 39.
„Aber der Uebelthäter einer, die da gehenkt
„waren, lästerte ihn und sprach: Bist du
„Christus, so hilf dir selbst und uns. Da
„antwortete der andre, strafte ihn und sprach:
„Und du fürchtest dich auch nicht vor Gott,
„der du doch in gleicher Verdammniß bist?
„— Und sprach zu Jesus: „Herr, gedenke
„an mich, wenn du in dein Reich kommst!"
„Und Jesus sprach zu ihm: „Wahrlich, ich
„sage dir, heute wirst du mit mir im Para=
„diese seyn!" —

Wir sehen hier, meine andächtige Zuhörer, den
Heiland der Welt toleranter gegen einen Uebelthä=
ter, der noch dazu ein Mörder war, als manche
seiner Bekenner gegen eine arme Sünderinn, die
nicht Mörderinn war. Er verspricht sogar diesem
Uebelthäter eine Wohnung im Paradiese. Da seine
Anweisung auf dieselbe in dem kritischen Interregno
sogar a villa ausgestellt war: warum sollten wir
nicht glauben, daß die Verstorbne auch einen, wenn

A 3

6

gleich auf längere Sicht, ausgestellten Wechselbrie-
auf die himmlischen Freuden erhalten habe? Wir
erblicken Christum dort, als einen aufgeklärten
Staatsdiener seines himmlischen Herrn und Vaters;
noch in der letzten Stunde seiner irrdischen Existenz
ist er gütig und nachsichtsvoll auch gegen Uebelthäter, und macht ihnen die liberalsten Versprechungen
seines Schutzes, wenn schon sein irrdisches Reich zu
Ende gehet.

Die erste Tugend, um welche unsre Seelige
das Paradies verdiente, ist ihre Menschenliebe.
Jeder, der zu dem großen Zwecke des Lebens, dem
Genusse, auch nur ein Minimum beyträgt, und
seinen Mitbürgern, aus welcher Ursache es sey,
eine frohe Stunde macht, hat Anspruch auf diesen
Namen. Sag' es, dankbares Berlin, sagt es,
muntre Jünglinge, bezeugt es, dreyßigjährige
Greise, ihr jungen Philosophen, und ihr alten Elegants bekräftigt es: — Sie war, nächst
der Comödie, das Universalmittel, die
essentia miraculosa coronata ge███ euren Erb-
feind: die Langeweile. Was wär't ihr ohne sie?
Wenn die Glocke halb zehn schlug, wie schwebte

bleyern Gott Morpheus um die Tische bey Weich-
leben, Eigenfatz und Thurm. Wie schläfrig
ließ der goldne Adler seine schwere Flügel auf
eure leichten Gehirne sinken, wie matt leuchteten
die Strahlen des goldenen Sterns! Selbst
die kräftigen Zoten, mit welchen der Haus-Adler
des brittischen Herzogs die keuschen Ohren
der männlichen Berliner Jugend ergötzt, wurden so
ekelhaft, als die garstige Bestie selbst! Gab
aber ein witziger Registrator den Ton an, von
der Seeligen zu sprechen, wie hüpften branden-
burgische Grazien und Amoretten um den Zirkel, wie belebt wurden die Scherze erst dann, die
Szene, wie Hogarthisch munter, wenn in der
Communionstube die ersten Bohlen Punsch ge-
leert, und der feuchte Witz sogar die stummen Schönen
zur Sprache und zu Einfällen belebte. Capua und
Syrakus sehen keine lebhaftere Orgien; Bran-
denburg hatte ein Capua, aber die preußischen
Hannibale eine stärkere Constitution, als der
Carthaginensische: denn sie blieben Sieger. Diese
Blüthen eures Lebens kommen nicht wieder; es ist
nicht wahrscheinlich, daß die Seelige so früh als

A 4

Lazarus auferstehen, oder daß eine andre ihre Stelle so würdig bekleiden werde. Es ist noch unwahrscheinlicher, daß ihr euch, meine andächtige Zuhörer, plötzlich verändern werdet: Weinet also, meine Brüder, über den Verlust eurer Wohlthäterinn, und ehrt ihre Asche.

Ihre Philosophie ist die zweyte Tugend der Verstorbenen. Wir wissen nicht eigentlich, zu welcher Schule sie sich bekannte. Da sie eine Frau nach der Mode war, so ist nicht zu vermuthen, daß sie den deutlichen Wolff, oder den subtilen Crusius mit ihren altväterischen bestäubten Röcken geliebt habe. Der alles zermalmende Kant, dessen kategorischer Imperativ bey ihr das Gold war, ist eher ihr Mann gewesen. Denn sie liebte die Gewißheit, deren sich die Kantianer erfreuen. Da auch die mehresten ihrer Besucher, die eleganten Philosophen, und die philosophischen Elegants der Kantischen Lehre zugethan sind: so ist mehr als wahrscheinlich, daß dieselben an Ihr eine Proselytin gemacht haben werden. Zudem schien der Hauptgrundsatz der Kantischen Sittenlehre für sie gemacht zu seyn. Man

muß nach Kantischen Grundsätzen bekanntlich
das Gute nicht um des Guten willen, oder um
seines eignen, oder um seiner Brüder Besten willen lieben; das wäre höchst unphilosophisch.
Sogar die Wärme des Herzens, und der hoch-
schlagende Puls der Menschlichkeit, wenn ein edler
Entschluß im Menschen reift, und das Göttliche in
ihm Meister wird, gehört zu den trügerischen
Gefühlen, welche das kalte Eisen der kritischen
Sittenlehre zermalmt. „Handle so, daß deine Ma-
„xime allgemeines Gesetz werden müsse!
„Laß dich nicht durch Gefühl, sondern durch einen
„kategorischen Imperativ dieser Maxime zur Aus-
„übung aller Pflichten antreiben!" Dies sind die
Grundsätze Kants und der seel. Madame Schuwitz! Ihre Maxime war: Geld schaf-
fen; Kants Maxime vielleicht nur die: ein
neues System erschaffen. Ihre Maxime
ist schon allgemeines Gesetz; Kants Maxime soll
es erst werden. Auch war die Seelige darin
eine Kantianerinn, daß sie das Gute, die
Vergnügungen, welche sie uns schaffte, nicht aus
Gefühlen des Wohlwollens und der Men-

ſchenliebe, ſondern um des kategoriſchen
Imperativs ihrer Maxime — unſrer Dukaten, erwies. Aber in ihrer praktiſchen Philoſophie übertraf ſie ohne Zweifel alle Kantiſche Em-
pyriker. Bey ihr war der kategoriſche Imperativ
nicht, wie bey dieſen, ein müßiges Aushängeſchild,
welches man im Zimmer nicht ſieht; kein leerer
Paradeſarg, in welchem der Leichnam der
Philoſophie nie gelegen hat. Ihr war er alles. Die geſegneten Folgen ihres Reſpects gegen
das Geld, und ihrer Gleichgültigkeit gegen Charakter, Sitten und Stand waren — Freyheit
und Gleichheit, die man in ihrem Hauſe reich-
lich genoß. Kein Unterſchied der Stände war ſicht-
bar: Könige und geheime Sekretaire,
Herzoge und Stallmeiſter, Reichsgrafen
und Mühlendammlords, Biſchöfe und Kü-
ſter, Geſandte und Briefträger, Kammer-
herren und Condukteurs, Generale und
Bierbrauer, Lieutenants und Geldmäk-
ler, Zwerge, getaufte Juden und Brannt-
weinbrenner, Regimentsquartiermei-
ſter und Büchſenſpänner, Kammerge-

richtsräthe und Huthmacherjungen, Prä-
sidenten und Strumpffabrikanten, Philosophen und Schneider, Pfalzgrafen
und Schauspieler, Kammerassessoren und
Weinhändler, Schriftsteller und Perü-
ckenmacher, Staatsminister und Scheide-
wasserbrenner, Referendarien und Res-
sourcenvorsteher, Cabinetsräthe und
Schwarzseifenfabrikanten, Rezensen-
ten und Papiermacher, Schöne Geister
und Futteralmacher, Buchhändler und
Trödeljuden, Advokaten und Feuerwer-
ker, Oberconsistorialräthe und Silhouet-
teurs, Prediger und Marktschreyer, Ge-
heimeräthe und Bartscheerer, Finan-
ciers und Scharfrichter sahe man hier in
bunter Gesellschaft. Hier ließ der stolzeste Aristo-
krat seine Ansprüche auf Unterscheidung schwinden,
und alles opferte „dem wahren großen Be-
„dürfnisse der Menschheit.“ Sie sah drey
Könige in ihren Mauern, sechszehn Herzoge, fünf hundert Prälaten, unzählbare
Prinzen, Grafen, Lords, Baronets,

Chevaliers und Marquis. Beglücktes Berlin! Du genossest zehn Jahr früher, als Gallien, die Früchte der Freyheit und Gleichheit! Nicht mit deinem Blute, nur mit harten Thalern und Goldstücken bezahltest du die Entrée. Und, o Wunder! die Könige selbst gaben ihr Bildniß zu den Einlaßbilletten! — Wir sehen zugleich, theuerste Zuhörer, mit welchem Unrechte man dem Einflusse der Schriften eines Voltaire, Rousseau, Helvetius, Montesquieu und andrer Philosophen und politischen Schriftsteller die französische Revolution zuschreibt. In dem kleinen Hause, zwischen der Kronen- und Mohrenstraße, ist der Keim der Republik im vaterländischen Boden entsprungen! Beym Schaume des ächten Lüttichschen Champagners, und in den Armen der reizenden Jeannette; wie schön entwickelten sich da die Begriffe von Menschenrechten und Bürgertugend in den Gehirnen und Herzen unsrer jungen Demokraten! — Doch, ich winke auf diese wichtige Materie nur hin; mag sie einer von den gründlichen Philosopho-Politikern, welche

in ihrer Studierstube die Bedürfnisse des Volks
und das Verhältniß der Staaten, wie eine philos.
Schulterminologie an den Fingern herzusagen, und
aus derselben den Königen Anleitung zum Re-
gieren zu geben wissen, näher untersuchen!

Der Patriotismus der Seeligen verdient
drittens gerühmt zu werden. Sie ließ besonders
nur Fremde ihre Waaren, deren Preis die
Phantasie bestimmt, theuer bezahlen. Dadurch
zog sie englische Guineen, spanische Plaster,
holländische und päbstliche Dukaten, und
türkische Zechinen ins Land. Sie zog die ro-
hen Produkte aus der Priegnitz, Pom-
mern und andern Provinzen, in die Residenz,
bearbeitete sie, und trieb einen vortheilhaften De-
tailhandel mit ihren Fabrikaten. Hätte eine aufge-
klärte Regierung ihr ein Monopolium über
alle Mädchen dieser Art verliehen: sie würde dem Staate gewiß noch größere Summen, als
eine Tobacksadministration gezahlt haben.
Und die Mädchen hätten an der Güte durch diese
Procedur, mehr als die Tobacke gewonnen. Denn
die Mädchen haben Verstand, und wissen sich also

beffer zu schicken und zu conferviren, als die To-
backsblätter, die zwar eine Administration,
aber keinen Verstand haben. Sie beschützte
die Künste und Wissenschaften. Ihre berühmte Flötenuhr klagt noch jetzt in schmelzen-
den Adagios ihren Tod. Die vaterländischen Fa-
briken beschäfftigte sie durch die kostbaren Amou-
blements ihrer Häuser. Ihre Hausgesellschaft
bestand immer aus einigen schönen Geistern und
jungen Philosophen; ihr Lieblingsbuch war Pé-
pliers Grammaire. Die Accisekassen gewannen durch die unendlich vermehrte Consumtion
von Zucker, Arrak, Citronen, Mercurius
dulcis, China und Pomeranzen. Die
Weinfabrikanten in Stettin wurden reich durch
sie. Die Aerzte, Wundärzte, Apotheker, und Tod-
tengräber in Berlin und der umliegenden
Gegend werden am besten wissen, was sie durch
die Seelige an praxi aurea Zuwachs erhalten.
Ich tausche das honorarium Veneris, das die
Seelige zog, nicht mit dem verwandten salario
Aesculapii. Die Findel- und Wayenhäuser,
diese Pest der Staaten, machte sie entbehrlich, und

der Schade, den sie der Bevölkerung that, war
nur scheinbar. Was helfen dem Staat halbe Menschen, verkrüppelt an Geist und Körper, wie der
unnatürlichen aber ehelichen Produkte so
viel herumlaufen? Sie selbst, die Seelige, war
nicht unfruchtbar. Sie lieferte dem Saate zwey
gesunde natürliche Produkte, ein Männ-
lein und ein Fräulein, die ihr Geschlecht, we-
nigstens die weibliche Branche desselben, nicht aus-
sterben lassen werden. Endlich gewannen Sittlichkeit und Moralität durch ihr Institut
ungemein. Es ist nicht schwer, dies ernsthaft zu
beweisen. Diejenigen, deren abgestumpften Sinne
und Bindfaden-Nerven nur noch durch gro-
be Sinnlichkeit und derben Reiz erschüttert werden,
die nicht Geist und Witz, nur Munterkeit und Zoten im Zirkel der Flaschen, der Brüder und frey-
müthiger Schönen verlangen, fanden eben so gut,
und ungleich wohlfeiler, ihre Rechnung bey
Madame Schuwitz und ihren Schönen, als bey
einer Gräfinn Elliot in London, einer Nina
Seltenhoff, als bey irgend einer Tänzerinn,
oder einer National-Kourtisane. Auch blieb die

Unſchuld vor ihren Nachſtellungen ſicher, ſo lange
man in dem Tempel der Venus Pandemos
opferte, in welchem die Unſchuld ein Schimpfwort iſt.
Die aber, denen aus den parties fines, bey Mo-
rino, noch etwas Geiſt im Gehirne, etwas Lebensblut
im Herzen, etwas Mark in den Knochen geblieben
iſt, wurden durch die bitterſte Langeweile, durch
den lebhafteſten Ueberdruß in einigen wenigen Stunden in dieſem Hauſe von der Liederlichkeit radicali-
ter kurirt. Das Haus der Seeligen war endlich
eine Merkwürdigkeit, welche, obgleich ſie in
keiner Beſchreibung von Berlin ſteht, eine
große Menge Fremden nach dieſer Stadt zog. Wäre
nicht ihr Tempel und das Carneval in Berlin, was würde den ſtolzen Britten, den lebhaften
Franzoſen, den wollüſtigen Italiener, den feurigen
Schweden, den genußliebenden Pohlen — an dieſe
Sandſchellen und Steinklumpen feſſeln?
Viele wurden in der Nähe in ihren Erwartungen
getäuſcht; iſt dies aber nicht der Fall mit allem
Großem, Schönem und Berühmtem in der
Welt?

Unter die paſſiven Tugenden der Ver-
ſtor-

storbenen steht billig die **Mäßigung** oben an. Wer
zweifelt, daß sie in der Lage war, junge Thoren
und alte Narren rein auszuziehn und zu plündern?
Dennoch ist sie arm gestorben, hat sogar Schulden
hinterlassen. Man hat weder e n g l i s c h e Stocks,
noch h o l l ä n d i s c h e Papiere, weder T o b a c k s -
noch H e r i n g s - Aktien, und außer ihren L e u c h -
tern und L ö f f e l n kein massives S i l b e r in
ihrer Verlassenschaft gefunden. Die ganze Garderobe ihrer Pflegetöchter kann bey weitem nicht den
Werth eines Solitairringes der Gräfinn von L. be-
tragen. Das Metier der Verstorbenen gab ihr einen Titulum der Plünderung, den jene Dame
nicht hatte. Sie war also mäßig in ihren Ansprü-
chen, und ist deshalb ruhig auf dem Bette der Ehre
gestorben. Die K e u s c h h e i t war bey der Seeligen nicht zu verachten. Ihre Enthaltsamkeit ver-
schmähte selbst den Genuß, den sie andern so
bereitwillig verschaffte. Hierin glich sie den G e i s t -
l i c h e n , welche uns das Glück der Tugend und
die Assignaten der himmlischen Freuden großmüthig
überlassen, und sich an dem R i n d e r b r a t e n
d e s gemeinen Lebensgenusses selbst begnü-

B

gen. Ihre Erziehungskunst hat sie bewährt;
ihren Sohn hat sie zur Tapferkeit und Ehrlie-
be, und ihre Tochter zur Sittsamkeit erzogen.
Wer, bey einem himmlischen Temperamente, bey
so unendlich vielen Reizungen, bey der Erinnerung
seiner eigenen Entstehung und einem weichen, zärt-
lich-mitleidigem Herzen nur zwey natürliche
Früchte der natürlichsten Neigung aufzuweisen
hat, — bey der keuschen Diana! — der ist sittsam erzogen; denn, — die Natur ist nicht
sittsam. — Die Vorsicht und Politik, mit
der die Verstorbne sich in den mannichfaltigen Kol-
lisionen, in welche sie mit Vorgesetzten, mit ihren
Untergebnen, mit ihren Kollegen, mit der Geist-
lichkeit gerieth — sich zu benehmen wußte, würde
der Politik des Kardinal-Staatssekretärs in Rom
Ehre gemacht haben. Besonders klagte sie, daß ihr
die Tugend und der Brodtneid einiger jungen vornehmen Damen manches in den Weg lege.
Sie war, vermöge ihres Amts, in einer eignen
kritischen Lage, und doch wußte sie sich durch gleiche
Mittel als die deutschen freyen Reichsstäd-
te immer aus der Affaire zu ziehn, und behielt den

Charakter der Selbstständigkeit. Die Demuth, welche die Verstorbne zeigte, war ein Zweig dieser Tugend. Ihre Equipage fuhr nicht nur einem Prinzen, sondern auch einem Viertelskommissarius aus dem Wege, wodurch sie sich ohne Zweifel bis an ihr seeliges Ende erhalten hat. Die köstlichste Blüthe in dem Ehrenkranze der Seeligen war aber ihre Verschwiegenheit. Diese war eben so groß, und, weil sie in der That manches Geheimniß wußte, mehr werth, als die Verschwiegenheit eines gewissen Ordens. Wäre sie nicht verschwiegen gewesen, die erhabne Todte, wie viel unglückliche Ehefrauen, Ehemänner, Väter, Vormünder, Bräute und — Jünglinge würde sie gemacht haben! So vieles Unglück, das es nur in der Einbildung ist, verhütete ihre Vorsicht. Wie manchen väterlichen Fluch, wie manche Ehescheidung verhütete sie dadurch! Ungestört konnte der Vater die Freuden der Liebe genießen, die er mit dem Sohne, in angränzenden Zimmern, theilte. Eine allgemeine Toleranz und wahre Aufklärung war in ihrem Hause etablirt. Keine unwis-

sende Examinatoren untersuchten die Fähig-
keiten und die Beschaffenheit der Candidaten
des Genusses. Die Canzel der Liebe war
jedem für die Gebühr offen, und der Ungeschickte
blamirte sich nicht vor einem ehrsamen Publicum,
nur vor einer einsamen H. Er lähmte nicht
einer ganzen ungeduldigen Gemeine die Augenlieder,
er machte nur sich und einem zärtlichen Kinde eine,
oft theuer bezahlte, langweilige halbe Stunde. Wir
erinnern uns der fröhlichen Carnevale noch, in
welchen die Weiber an den Armen ihrer Männer und
Liebhaber durch die sanft erleuchteten Cabinette des
Genüsses strichen, und in bunter Reihe mit den
Nymphen auf den elastischen Divan sanken, der gestern
noch der Zeuge des Glücks ihres Führers war. Doch
ich darf nur auf euer eignes Gefühl, andächtige Zuhörer, mich berufen, wie groß der Werth der Verschwiegenheit bey einer solchen Frau war in solchen
Fällen, als manche meiner Zuhörer aus eigner
Erfahrung kennen.

Ich könnte noch manches von ihrem Geschmack,
ihrer Eleganz, ihrer Reinlichkeit und von

andern ihren Tugenden sagen. Die Liebe zum Land-
leben, diese Neigung aller großen Seelen, bewies
sie durch ihr Etablissement im Thiergarten,
wo sie in philosophischer Muße die Freuden der
Stadt und des Landes vereinigte, dem Bacchus,
der Venus, und dem Gotte der Gärten ver-
mischte Opfer brachte. Also theilt ein großer
Strom, zu mächtig für ein Bette, sich in zween
Arme, wie die Donau, und befruchtet das Land
und die Fluren umher! Ihre klassischen Kennt-
nisse und Gesinnungen bewies sie durch Anlegung
griechischer Bäder unter einem nordischen
Himmelsstriche, denen nur die Begünstigung einer
aufgeklärten Polizey und die zierliche, ga-
lant-gelehrte Beschreibung eines Bötticher
fehlte, um unsterblichen Ruhm zu erlangen. Hätte
es diesem eleganten Polyhistor (der so gut
als Conring seine Braut fragen konnte, ob er als
Dramaturg oder Consistorialrath, als
Modejournalist oder als Schulrektor, als
Poet oder als Rezensent sich mit ihr aufbieten
lassen solle?) gefallen, uns eine kurze Entwicke-

B 3

lung, in 2 Alphabeten etwa, der Verdienste dieser merkwürdigen Frau zu schenken: (in welcher er z. B. aus der kleinen Warze auf ihrer Nase ihr Talent zum Kuppeln herleiten konnte,) so wäre die Seelige ohne Zweifel so zu einer vortheilhaften Recension in der Allgem. Litteraturzeit. wie Bötticher zu seinem Ruhme gekommen, welches günstige Schicksal diese kleine Schrift schwerlich haben wird. Hr. Bötticher hätte sich durch ein solches, oben erwähntes Werk ein weit größeres Verdienst, als durch sein Buch über Iffland, erworben. Die Verdienste von Ifflands Spiel fallen sowohl dem gesunden Auge des Layen, als den geschliffnen Lorgnetten des Pedanten und den Brillen der dramaturgischen Stümper auf; aber hier bey Mad. Schuwitz hätte der Verf. die beste Gelegenheit gehabt, non audita nec visa zu sagen, seine Bemerkungen aus noch feinern, beynahe unsichtbaren Datis zu ziehn, hier hätte er eigentlich seine Kunst im Entwickeln vieler Worte, wo wenig Stoff ist, zeigen, und, nach gemeiner Art zu reden, das Gras wachsen zeigen können! Die Wehmuth erstickt meine Worte! Sie macht es mir unmöglich, von den Fehlern der Verstorbnen zu sprechen. Von den Todten soll man nur Gutes sprechen! Laſſen wir in Ruhe die Aſche einer Frau, deren Geſchäfft war: frohe Stunden zu machen. Sagt nicht: „Sie ſchaffte ſie auf Koſten der Sittlichkeit, des gu- ten Geſchmacks und unſers Geldbeutels!" Unterſucht eure glücklichen Stunden, meine andächtige Zuhörer, fragt euch: ob nicht die mehr- ſten auf Koſten eines edlern Gutes geſchafft wurden? Wer je unter euch ein Mädchen beſchwatzte, um die Blüthe ihrer Jugend zu brechen; wer durch Wucher und Betrug die Summen zu Bacchanalien zuſammen ſcharrte; wer ſeine Nächte und ſeine Geſundheit opferte, um in der Litteraturzeitung gerühmt zu werden; wer endlich die Freuden ſeines Lebens, Liebe, Freyheit, Selbſtſtändigkeit, um das begna- digende Lächeln eines Fürſten; wer ſeine Kräfte, ſeine gute Laune, ſeine Familienpflichten, um einen berühmten Namen willig opferte, der werfe nicht den erſten Stein auf das Grab einer

Frau, die, minder strafbar und minder wichtig, nur fremde Börsen in Contribution setzte, und, wie die deutschen Schriftsteller, eine Sache merkantilisch betrieb, die freylich bey beyden nur die Frucht der Liebe zum Schönen, Guten und Nützlichen seyn sollte. —

An Euch, wende ich mich zuletzt, ihr guten Schäfchen einer zerstreuten Heerde! „Sie „war Euch eine gute Hirtinn. Sie war kein „Miethling, welcher fliehet, wenn der Wolf, die „Polizey, die Schafe fressen wollte. Sie kannte „den Wolf und ihre Schafe, und die Schafe kann„ten sie! Sie hatte auch noch andre Schafe, die „waren aber nicht aus diesem Stalle. Und alle „ihre Schafe hörten ihre Stimme und kannten sie, „und folgten ihr! Und Sie gab ihnen ein himm„lisches Leben, und ließ sie nicht umkommen, und „niemand durfte sie aus ihrer Hand reißen. Der „Trieb, der die Schafe ihr gegeben hat, ist größ„er denn alles, und niemand kann sie diesem Trie„be aus der Hand reißen. Sie und der Trieb

„waren eins!" — Wohin werdet ihr jetzt flie-
hen? Weh' euch! Ich sehe die Charite' und
das Spinnhaus ihre Pforten gegen euch öffnen!
Daß ihr ordentlich und arbeitsam werdet, und der
Liederlichkeit entsagt, dazu sehe ich so wenig Hoffnung, als zur Wiederherstellung der Monar-
chie in Frankreich und der Polnischen
Republik. Doch wäre dies das einzige, obgleich bittre Mittel, einem schmälichen Ende zu
entgehn, das euch furchtbarer, und gewisser, als
die französische Landung den brittischen
Küsten drohet. Wenn es euch nicht etwa glückt,
einen alten Sünder von Hagestolzen durch
eure geübten Reize zu verblenden, und euch bis
zu dem Range einer Haushälterinn zu erheben,
oder eine, länger als eure Tugend, verlorne Jungferschaft in der Ukermark noch einmal zu verkau-
fen, oder in einem Winkeltempel Thaliens die
obere Stufe zu erklimmen, und von den Bret-
tern herab Kotzebuesche Moral und Sitten
dem geistreichen Volke der Deutschen zu predigen
— dann bleibt euch nichts übrig, als in Bein-

B 5

Kleidern zu dem Corps des Prinzen von
Conde' zu wandern, und mit dieser tapfern Ar-
mee in Allianz das rebellische Frankreich zu er-
obern! — *)

Wir wollen nunmehr, meine theuersten andäch-
tigen Zuhörer, der Verstorbnen den Dienst erwei-
sen, den sie so oft der dem Jünglinge beschwerlich
fallenden Keuschheit erwies, wir wollen ihren
Leib zu Grabe tragen. Was etwa geistig
in ihr war, hat längst den Weg nach Elysium
genommen, wo sie, dem Vernehmen nach, in den
schattichten Gebüschen des Helikons einen Grotten-
tempel, dem im Thiergarten ähnlich, für fürstli-
che und andre vornehme Schatten bereits angelegt
hat. Sie nimt nur ein Talent für die Schaa-
le Nektar, weibliche und männliche Schatten

*) Auch diese letzte Hoffnung hat der Russische Kaiser
den verwaisten Nymphen geraubt! Dies furchtbare
Corps ruht jetzt in Polen von seinen Heldenthaten
aus, und trinkt, statt des Republikanerbluts,
den süßeren Ungarschen Wein.

ſtrömen ihr haufenweis zu. Der Friedenskongreß zu Raſtadt, welcher jetzt die Homannſche
Karte von Deutſchland korrigirt, kann kaum
brillanter ſeyn, und ſeine Mitglieder ſind gewiß
nicht ſo fleißig, als die Theilnehmer des Clubs in
Neu-Ammons-Ruh. — Zuvor aber wollen
wir unſrer gepreßten Empfindung Luft machen,
durch Abſingung eines Klageliedes, nach der Me-
lodie: Jeſus, meine Zuverſicht.

Kannſt du noch aus deiner Welt
Wieder zu der Erde dringen,
O, ſo ſieh, wie Fürſt und Held,
Greis und Kind die Opfer bringen;
Sieh, dein heiliger Pallaſt
Schwimmt in ihren Thränen faſt.

Sende, o verklärter Geiſt!
Sende Troſt auf uns hernieder!

Gieb uns allen, die verwaist,

Eine gute Mutter wieder;

Stärke uns mit neuer Kraft,

Oder — mach uns tugendhaft!

Testa=

Teſtament.

Actum. Berlin, den 16. Novbris. 1797.

Demnach ich, in den fröhlichen Augenblicken des Lebens, das ich aus den Händen des Schöpfers empfangen, und das ich, meiner Schwachheit und meiner Sünden ungeachtet, durch die Leiden und das Kreuz meines Erlöſers, Gott gefällig bis auf die gegenwärtige Stunde dahin geführt habe, nicht ohne Erwägung laſſen kann, daß mein Leib nicht, wie meine Seele, unſterblich iſt; ſondern daß er dereinſt dem Schickſale, dem ſeit unſern erſten Eltern alle Menſchen unterworfen ſind, gleichfalls unterworfen iſt; und da mir ferner wohlbekannt, daß die Stunde des Todes ungewiß, und daß ſie mich ſpät oder frühe aus dieſer Zeitlichkeit hinwegreißen, und meinem irdiſchen Leben ein Ende machen kann: ſo habe ich mich, in meinem Gebet zu Gott, mei-

nem Schöpfer, gewandt, und von ihm, um der
Wunden und des Versöhnungstodes seines Sohnes
willen, den Beystand seines heiligen Geistes erfleht,
damit Er, zu dem letzten Werke und Willen, welchen ich hiermit thue und kund machen will, seine
göttliche Kraft und seine heilsame Mitwürkung in
Gnaden nicht versagen wolle. Ich habe mich, nach
vollbrachtem gläubigem Gebet dergestalt gestärkt gefunden, daß ich, mit heitren und völlig unge-
schwächten Gemüthskräften habe überlegen und fest-
setzen können, wie es nach meinem, Gott gebe, seeligen Tode, mit meinem zeitlichen Vermögen gehalten werden solle; und will demnach in diesem meinem, vor dem königlichen geheimen Justizrath Herrn
G — mit Zuziehung des Herrn Kriegsraths M —,
des Herrn Geheimsecretair P., des Herrn Rendant
M., des Herrn Conducteur R., des Herrn Instru-
mentmachers H., des Herrn Tobacksecretarii B.
und des Herrn Particulier G. — als erbetener Zeu-
gen, wohlbedächtig erklärten letzten Willen bestim-

men und verordnen, was deſſenthalben meine un‑
widerrufliche Willensmeinung ſey.

Zuförderſt empfehle ich meine Seele in die Hän‑
de meines himmliſchen Herrn und Heilandes, Jeſu
Chriſti; und was meinen Leichnam betrifft: ſo ver‑
ordne ich hiemit, daß derſelbe chriſtlich, jedoch ohne
ſonderliche Ceremonien, zur Erde beſtattet werden
ſoll, und erſuche ich hiemit geziemend den Obercon‑
ſiſtorialrath Herrn H. mir die Leichenpredigt über
den Text Evangel. Lucä, Cap. 23. V. 39. zu hal‑
ten. Was nun mein zeitliches Vermögen betrifft:
ſo ſetze, ordne und befehle ich hiemit folgendes:

Meine beiden einzigen, zwar nicht in einer
förmlichen Ehe, jedoch unter Anrufung Gottes und
ſeines heiligen Geiſtes, empfangenen und gebohr‑
nen, und in der Lehre Jeſu erzogenen und unter‑
richteten Kinder, nämlich Herrn Ferdinand A.
und Caroline U., ſetze ich hiemit zu Erben mei‑

nes gesammten Vermögens, so wie es in der Stunde meines Absterbens an beweglichen und unbeweg-
lichen Gütern vorhanden ist, sub titulo institu-
tionis honorabili. dergestalt und also ein, daß
selbige mein vorgedachtes Vermögen, es bestehe,
worin es wolle, behalten, und darüber nach freiem
Willen, als ihr wohl erworbenes Eigenthum, schal-
ten und walten sollen; jedoch mit folgenden, von
meinen gedachten beiden Erben unverbrüchlich zu
haltenden Ausnahmen. Sollten dieselben sich wei-
gern, diese Ausnahmen, als meine wohl überlegten
Befehle und Verordnungen, weder ganz noch zum
Theil zu erfüllen und ins Werk zu setzen: so will
und verordne ich hiemit, daß beide nicht mehr, als
legitimam, zu deutsch: den Pflichttheil, in welchen ich sie hiemit auf den erwähnten Fall
zu Erben einsetze, haben und bekommen sollen.
Wobey ich noch bestimme, daß dieselben keinen
Gebrauch von der Quarta Falcidiae, als welche ich ihnen hiemit gänzlich untersage, machen
sollen.

ſollen. Dieſe Ausnahmen ſind nunmehr folgende:

Zuvörderſt verordne ich hiemit, daß mein in
der Friedrichsſtraße belegenes, im Hypothekenbu-
che ſub Nr. 844. verzeichnetes Wohnhaus und
Hintergebäude, nebſt allem, was darin niet- und
nagelfeſt iſt, als ein beſtändiges und immerwäh-
rendes fideicommiſs, zur Fortpflanzung der
menſchenfreundlichen, und für das allgemeine Wohl
erſprießlichen Anſtalt, die ich mit ſichtbarem gött-
lichen Seegen bis an mein Ende geführt habe,
dergeſtalt verbleiben ſoll, daß der hieſige, durch
eigene, und in Verlag genommene, rühmlichſt
bekannte Schriften, als da ſind: Abentheuer
eines Frauenzimmers vom Vergnügen;
Gedichte nach dem Leben, Nuditaeten etc.
berühmte Herr N. N., daſſelbe, als heres fidu-
ciarius haben, bewirthſchaften, und im blühen-
den Zuſtande unverrückt erhalten ſolle, dergeſtalt

C

und alfo, daß er nach feinem, Gott gebe, fpätem
Tode, daſſelbe salva subſtantia, an den Herrn
W — N. N. den Jüngern, als welcher fich
durch feine gemeinnützigen Schriften — Zeichen
und Werth der unbefleckten Jungfer-
fchaft, und dergleichen — gleichfalls rühmlichſt
bekannt gemacht hat, reſtituiren foll. Nach deſ-
fen Tode foll daſſelbe in gleicher Art die hoch-
belobte Frau S —, welche fich durch Verbrei-
tung der faßlichſten Volksfchriften, als namentlich
die Werke: *Tlantla-Quatla-Patli,* die Bio-
graphien Berlinifcher Freudenmädchen,
u. f. w. namhaft bekannt gemacht hat, in gleicher
Art erhalten und bewirthfchaften. Wenn einer
von diefen refp. fiduciarifchen und fideicommiſſa-
rifchen Erben das Qu. Fideicommißguth nicht
annehmen follte und wollte: fo foll felbiges auf
den nächſten von diefen dreyen fallen; und, falls
keiner fich dazu geneigt finden laſſen würde, oder
auch, im Fall alle drey mit Tode abgegangen

seyn würden, will ich, daß solches nächstdem je=
desmal demjenigen, der im Verlauf der Zeit da=
zu als der würdigste, sey's durch Schriften oder
durch Thaten qualificirt, sey's männlichen oder
weiblichen Geschlechts, anerkannt werden wird,
übergeben werden soll. Die Würdigung dieses
Subjekts soll alsdann von einer aus den bekann=
testen tugendhaften Ehefrauen dieser Stadt aus=
zuwählenden Commiſſion, unter dem Vorſitz des
Miniſters vom geiſtlichen Departement,
geſchehen; indem tugendhafte Frauen das wich=
tigſte Intereſſe haben, daß eine Anſtalt, wie die
von mir geſtiftete iſt, nie eingehe, dieweil ſie
dadurch vor den Stürmen der jungen Tröſter
auf ihre Tugend, und vor der Ernährung und
Erhaltung unehelicher Kinder am beſten bewahrt
werden. Dabey verordne ich aber noch, daß
dieſe Anſtalt immer und ewig meinen Namen
führen ſoll, indem ich dieſes Fideicommiß als ein
wahres Familienfideicommiß zur ſteten Verherrli=

chung meines Namens und Standes gestif-
tet habe.

Anlangend mein Gartenhaus im Thiergarten: so will ich, daß solches von dem Waysen-
haus - Departement zu einem immerwäh-
renden Aufenthalte für junge elternlose Mädchen, die ihre Jungferschaft zunftlos und unre-
gelmäßig in Dachstuben und Tanzsälen vergeuden,
eingerichtet, und von demselben dahin gesehen
werde, daß sie mit Geschmack, Ordnung und
Sittsamkeit zu dem großen Geschäffte, dem sie
ihren Körper gewidmet, angeführt werden. Vor-
läufig bestimme ich zu Präcisten — zuvörderst
meine innigst geliebte, mir zu früh entrißne Pfle-
getochter, Charlotte L. die ich hiermit zur
Vorsteherinn des Instituts ernenne; ferner Charlotte G.; die beyden Geschwister T.; Ka-
roline S.; Christiane ** (wenn sie ihren
jetzigen Liebhaber verlieren sollte); Lotte Xr;

die blonde und die braune l. P. Die Auswahl künftiger Competentinnen soll, unter Oberaufsicht des Departements, dem Eisassessor Hrn. L., als einem rühmlichst bekannten Mädchenkenner, überlassen werden.

An Legaten setze ich folgende aus:

1) Meine bekannte Flötenuhr, mit sämmtlichen Walzen und allen Melodien, die darauf gespielt werden können, vermache ich der F.schen geist= und kunstreichen Mittwochsgesellschaft bey Kr., um derselben zu beweisen, daß ich keinen Neid wider sie hege.

2) Meine Bibliothek, deren Hauptschmuck Pepliers grammaire françoise ist, vermache ich, wegen der sinnreichen Einfälle und witzigen Züge, die sie enthält, dem gelehrten und als witzigen Kopf bekannten Lieutenant Herrn von B., um seiner durch zu häufigen Gebrauch gewässerten

C 3

Laune Nahrung, Kraft, Spitzen und Salz zu
geben.

3) Meinen Weinkeller und Speisekammer,
nebst Bouteillen und Pfröpfen vermache ich dem
gelehrten Montagsklub im englischen
Hause, weil ich gehört habe, daß es dieser vor-
trefflichen Gesellschaft an gutem Essen und Trin-
ken in etwas abgehen soll, welches doch, wie ich
mir von einem gelehrten Hausfreunde habe sagen
lassen, eine Hauptzierde der Sokratischen Mahlzeiten in Athen war.

4) Meine Equipage, nebst allem dazu Gehö-
rigen, vermache ich dem Kriegsrath G., welcher
bekanntlich nicht bloß Rath heißt, sondern
auch den Königen weisen Rath giebt, damit
derselbe mit mehrerem Glanze zu Hofe fahren
kann. Ich schmeichle mir, daß meine Equipage
eben so prächtig und würdevoll, als der Styl

dieſes Mannes, und in eben ‐ ſolchem Credite bey Hohen und Niedern ſtehet, als derſelbe.

5) Meine Waſchbecken und Schwämme vermache ich dem Kriegsrath M., welcher ſie bey ſeinen Manipulationen wird gebrauchen können.

6) Meine Aktivforderungen vermache ich ſämmtlich dem O. H. B. A., weil ich mit mehreren Mitgliedern deſſelben in freundſchaftlichen Verhältniſſen ſtand.

7) Meine Paſſiva bitte ich den Pr. ** F. zu bezahlen. Er wird dies billig finden, wenn ich Ihn hiermit verſichre, daß ich durch ſeine Söhne Schaden und Verluſt in meinem Gewerbe erlitten habe. Ueberdieß iſt der ganze Betrag von etwa 7000 rthlr. ein kleines Objekt für die bekannte Freygebigkeit und liberale Geſinnung dieſes Herrn.

C 4

8) Die Büste, welche bey meinem Leben stets auf meinem Sekretair stand, soll in meinen Sarg, zu meinem Haupte, gelegt werden. Also ist mein Wille.

9) Meine große Manuscriptensammlung, meine Correspondenz, meine seit 20 Jahren geführten Tagebücher und Hauskalender, endlich meinen Adreßkalender vermache ich dem Friedenskongreß zu Rastadt in toto; wobey ich festsetze, daß die hochlöbl. Reichsdeputation gehalten seyn solle, dieselben vor der Ankunft des General Buonaparte in Ordnung zu bringen; auch in den Conferenzen, in welchen dieselben nichts Wesentliches zum Friedensgeschäfft selbst vornehmen möchten, sich mit Vortragung dieser meiner Aktenstücke die überflüßige Zeit verkürzen solle.

10) Meine Punschterrinen und Punschlöffel, imgleichen meine schlesischen geschliffnen Weinglä-

fer, fo wie alle Trinkgeräthfchaften, vermache ich
der ehrwürdigen ☐ R. Y. de l'A. Sie werden
folche bey ihren geheiligten Arbeiten gebrauchen
können. Ich darf mir fchmeicheln, daß viele der
Brüder meine fleißigften Befucher waren. Sie
mögen fich beym *Chargez les Canons!* an
die ähnliche Arbeit in meinen ✡ freundlich
erinnern.

11) Der mufikalifchen Reffource vermache ich mein überflüßiges Tifchzeug, meinen
Vorrath von Brennholz, weil ich gehört habe,
daß die Mitglieder im Kalten fich erholen müffen,
einige Kleider aus meiner Garderobe, um welche
die weiblichen Mitglieder ballottiren follen; meine
alten Küchenzettel, zum Behuf ihrer Mittags-
mahlzeiten; meinen Bierkeller; aus meiner Bibliothek Martini's richtigen und genauen
Haushalter für die Vorfteher, und einige 20

Pfund schwarze Seife, wie auch 6 neue Verst-
wische, und meinen alten gelben Sopha.

12) Dem Kammergerichtsreferentarius S., sonst
auch der Poet und der Theater-S. — genannt,
welchen ich hierdurch geziemend ersuche, eine Trauerkantate in fließenden teutschen Reimen auf
mein etwaniges Ableben zu dichten, testire ich
pro studio et labore, Zehn Stück neue
Friedrichwilhelsd'or, die man in der klei-
neren Chatouille in meinem Sekretair finden wird.
Ich verordne und setze fest, daß ihm, dem Kam-
mergerichtsref. S., obige 10 Frd'or, unmittelbar
nach Niederschreibung des letzten Schlußverses, von
meinen Haupterben baar und richtig ausgezahlt werden sollen. Jedoch versehe ich mich meinerseits zu
der Einsicht und dem Wohlwollen des Hrn. Poeten,
daß er auch dagegen in dieser Trauerkantate meine
etwanigen geringen Verdienste um die Welt und
den Staat in das gehörige Licht setzen werden wolle,

und wünsche dabey, daß die Kantate in der leichten und klappenden Manier des Theaterdichters Hrn. H. verfaßt werde, als welche mir immer sehr angenehm, deutlich und gar nicht hochtrabend geschienen hat. Besonders wünsche ich, daß die letzten Verse sich immer auf meinen Namen endigen mögen; denn dadurch wird derselbe auch in der Nachwelt berühmt, und ich gestehe, die Unsterblichkeit meines Namens ist immer mein tendre gewesen. Der letzte Vers z. B. kann unmaaßgeblich heißen:

„Hört's, ihr Völker aller Zonen!
„Hört's, ihr kommenden Aeonen:
„Mausetodt ist Madam Schuwitz.
„Brülle, Donner! Leuchte, Blitz!!" —

13) Den Herausgebern der beliebten Denkwürdigkeiten der Churmark vermache ich mein geschriebenes Verzeichniß aller Mädchen, die in meinem Hause von Anfang bis jetzt gewesen sind; so wie das andre Ver-

zeichniß aller meiner lebenden und verstorbenen Kunden und Besucher. Auf letzterem
ist angemerkt, was ein jeder, und ob er Geschäffte, und wie oft an einem Abend in meinem
Hause getrieben, so wie der Name des Mäd-
chens, die ihm dabey hülfreiche Hand geleis-
tet hat. Diejenigen, welche oft gewollt, aber
nie gekonnt haben, (deren Anzahl nicht geringe
ist) sind, zur Warnung für alle heyrathslusti-
ge Mädchen in Berlin, mit rothen Let-
tern und einem (;) bezeichnet. Mit diesen Ma-
nuscripten können die Herren einen ganzen Jahr-
gang anfüllen, und meyne ich bescheidentlich,
daß derselbe dadurch interessanter, als die vorigen,
werden möchte.

Endlich bestelle und setze ich zu Executoren
dieses meines letzten Willens den Herrn geheimen
Justizrath G. und den Schutzjuden Israel N —
mit dem Ansinnen, daß sie auf Erfüllung dessel-

ben, nach allen seinen Punkten und Klauseln,
mit Eifer dringen, und halten; und alles, so wie
ich es verordnet habe, gewissenhaft besorgen und
ausführen. Für diese ihre Mühwaltung erkläre
ich hiemit, daß sie freyen und unentgeldlichen Ein-
tritt, und, falls es ihre Kräfte erlauben, Gebrauch und Genuß, sowohl in meinem Fideicom-
mißhause, als auch in meinem, dem Waysenhaus-
Departement zum Jungferndepot legirten, Gar-
tenhause, haben, und bis an ihr, Gott gebe, spä-
tes und seeliges Ende behalten sollen.

Sollte nun schließlich dieser mein wohlbedächtig, und beym völligen Gebrauch meiner Verstan-
des- und Gemüthskräfte, ordnungs- und gesetz-
mäßig erklärter letzter Wille nicht als ein zierliches, solennes Testament gelten: so will ich, daß
er als ein weniger zierliches, als ein Codicill,
als ein Fideicommiſs, als eine donatio mor-
tis cauſa, als ein pactum ſucceſſorium, als

46

eine difpofitio parentum inter liberos, eder
wie es fonſt auf irgend eine Art zu Rechtbeſtän-
dig und Effekt haben möge, gelten und wirken
ſolle.

Urkundlich habe ich dieſen meinen letzten Willen eigenhändig unterſchrieben und unterſiegelt.
Geſchehen Berlin den 16ten Novbr. 1797.

(L. S.)

Charlotte Schuwitz.

††† mpr.